nickelodeon

Shimmer & Shine

Un sueño hecho realidad

Título original: *The Dream Doll's House*
Primera edición: junio 2017

Publicado por Penguin Random House Grupo Editorial, S. A. U.
Travessera de Gràcia, 47-49. 08021 Barcelona

Realización editorial: MYR Servicios Editoriales S. L.
Adaptación de Daniel Cortés

ISBN: 978-84-488-4755-5
Depósito legal: B-8618-2017
Impreso en Talleres Gráficos Soler, S. A.
BE47555

Leah ha invitado a su amigo Zac a jugar con su nueva casa de muñecas.

—¡Mi muñeca y yo estábamos a punto de merendar! —dice Leah.

—¡Perfecto, porque a Artie le encanta merendar! —dice Zac, enseñándole un apatosaurio de juguete.

—Tu casita es muy chula, ¡GRRRRR! —ruge Zac, como si estuviera hablando el dinosaurio.

—Siéntate y tómate un delicioso té —contesta Leah, fingiendo ser la muñeca.

Pero, cuando Zac intenta meter a Artie en la casita, ¡tira el juego de té al suelo sin querer!

—Vaya, lo siento, Leah —se disculpa Zac—. Será mejor que me lleve a Artie a casa. Hasta luego.

—Hasta luego, Zac —contesta Leah.

Pero jugar sola con la casita no es tan divertido, así que Leah frota su botella de genios para llamar a sus amigas **Shimmer y Shine.**

—**¡Bum Zahramay!** ¡Tus mejores amigas están al llegar! —exclaman las genios.

—¡Gracias por venir, chicas! —dice Leah—. Ahora podremos jugar juntas con mi nueva casa de muñecas.

—No hemos traído muñecas —dice Shine.

—¡Pero sí que hemos traído tres deseos! —añade Shimmer.

—¡Viva! —dice leah—. Mi primer deseo es... ¡quiero que mi muñeca tenga más amigas con las que jugar!

—**¡Bum Zahramay!** ¡Primer deseo del día! —entona Shimmer—. ¡Shimmer y Shine, amigas divinas!

¡P*uff! ¡Puff!* Con un destello mágico, ¡las dos genios se reducen al tamaño de una muñeca!

—¿Eh? ¿Qué ha pasado? —pregunta Leah.

—¡Te he concedido tu deseo Leah! —contesta Shimmer—. ¿Qué mejores amigas para tu muñeca que unas genios?

—Pero yo quería más muñecas —dice Leah—, no que mis genios se convirtieran en amigas tamaño muñeca.

—¡Ups! —exclama Shimmer—. Parece que he cometido un pequeño error.

—No pasa nada —dice Leah—. Ya lo arreglaremos.

En ese momento, alguien llama a la puerta.

—¡Hola, Leah!

—¡Es Zac! —avisa Leah a las genios—. ¡Escondeos!

Shimmer y Shine corren hacia la casa de muñecas, pero como no encuentran donde esconderse se quedan muy quietas, fingiendo ser muñecas.

—He traído otro juguete —dice Zac—. Te presento a Pegajoso, el alienígena pringoso. Ha venido del lejano planeta Pringue para jugar en tu casa de muñecas.

—¡Ooooh! —exclama Zac—. ¡Estas genios de juguete parecen de verdad!

—Sí, ejem… —dice Leah.

—Genios, os presento al alienígena Pegajoso —dice Zac.

Cuando Zac mete a Pegajoso dentro de la casita, un mejunje sale del alienígena y *¡CHAP!*, llena de pringue a las genios.

—¡Huy! —exclama Leah.

—Cosas que pasan... muy a menudo —dice Zac—. Pringar cosas es lo mejor que hace Pegajoso. Lo llevaré a casa y buscaré otro juguete menos pringoso.

Cuando Zac se va, las genios empiezan a buscar ropa limpia en el vestidor de la casita de muñecas.

—¡Hala, cuántas cosas bonitas hay aquí! —exclaman.

—Veo que os lo estáis pasando genial —dice Leah—. Ojalá pudiese jugar con vosotras en la casita de muñecas.

— **¡Bum Zahramay!** ¡Segundo deseo del día! —exclama Shine.

—¡Esperad! —dice Leah.

Pero ya es demasiado tarde....

Leah se ha vuelto pequeña como una muñeca y ahora está dentro de la casita.

—Ya puedes jugar en la casa de muñecas con nosotras como has pedido —dice Shine.

—Pero yo no quería pedir ese deseo —dice Leah—. Bueno, ya encontraremos una forma de arreglar eso... ¡pero antes podríamos probarnos todos estos vestidos!

—¡Yujuuu! —exclaman las genios, entusiasmadas.

Leah y las genios se lo pasan muy bien probándose ropa y explorando la casita de muñecas hasta que oyen a Zac decir:

—¡Leah! ¡Ya he vuelto!

—Si Zac me ve así de pequeñita, descubrirá mi secreto —dice Leah.

Con su magia, las genios tapan a Leah debajo de un montón de vestidos de muñeca.

—Hola, genios —dice Zac—. Os he traído un nuevo juguete... ¡Richie Carreras!

Zac mete a Shimmer y Shine dentro de su coche.

—Abrochaos los cinturones, porque Richie tiene una sola velocidad... ¡RÁPIDA!

—¡Brrrrrm! ¡Brrrrrm! —Zac pasea a las genios en el coche de carreras por todo el salón, mientras Leah sale de un salto de la casa de muñecas y se esconde detrás de una maceta.

¡CRASH! Sin querer, Zac estrella el coche contra la casita.

—¡Ufff! ¡Ya la he vuelto a liar! —exclama Zac mientras Leah vuelve a esconderse en la casita—. Tendré que arreglar esto antes de que vuelva Leah.

Zac cierra la casa de muñecas y sale en busca de material de limpieza.

Leah y las genios están encerradas dentro, y la niña utiliza su tercer y último deseo.

—¡Quiero volver a la normalidad! —dice, y Shimmer le concede su deseo.

—Ahora hemos recuperado nuestro tamaño normal, pero también hemos roto la casa de muñecas —suspira Leah.

—¿Y si construimos otra? —propone Shimmer.

Trabajando juntas, las chicas construyen otra casa de muñecas.

—¡Es mi casita de ensueño! —dice Leah justo cuando Zac regresa. Las genios corren a esconderse.

—He puesto perdida tu casa de muñecas, así que he traído cosas para limpiar.

—No pasa nada, Zac. Ya la he arreglado y le he añadido algunos toques.

—¡Qué pasada, Leah! —exclama Zac.

Leah se mete en la cocina para despedirse de sus amigas.

—Vuelvo enseguida, Zac —dice.

Las tres se dan un gran abrazo.

—¡Gracias, chicas! Nos ha salido el día redondo cuando juntas hemos solucionado nuestros errores. ¡Sois mis mejores amigas, y ya tengo ganas de que sea mañana!